Dietrich Volkmer

Das Aufbegehren

Von Prometheus bis Martin Luther

Dietrich Volkmer

DAS AUFBEGEHREN

Von Prometheus bis Martin Luther

Die Deutsche Nationalbibliothek verzeichnet diese
Publikation in der Deutschen Nationalbibliografie;
Deteaillierte bibligrafische Daten sind im Internet über
http://dnb.ddb.de
abrufbar

Text, Layout und Umschlaggestaltung
Dr. Dietrich Volkmer
www.literatur.drvolkmer.de

Internet-Seiten
www.drvolkmer.de
www.literatur.drvolkmer.de
www.privat.drvolkmer.de

Herstellung und Verlag:
BoD – Books on
Demand, Norderstedt
Printed in Germany,

ISBN 9783 754 321 829

Inhaltsangabe

Verehrte Leser,
ich habe das Buch mehrfach durchgearbeitet und hoffe, dass mir
kein Fehler unterlaufen ist.
Sollte es trotzdem passiert sein, so bitte ich um Nachsicht.

Martin Luther (Gemälde von Lucas Cranach d.Ä.)
Ein mutiger Mönch, der es wagte gegen Papst, Kaiser
und viele Bischöfe aufzubegehren

Das Aufbegehren

Das Wort „Aufbegehren" oder „Sich Auflehnen" hat von der Bedeutung her eine Beziehung zum Thema empfundene Unzufriedenheit, mit einer anderen Person, mit irgendeinem Herrscher, einem Vorgesetzten, mit der jeweiligen Regierung oder den vorliegenden Zuständen.

Diese Unzufriedenheit mag, auf eine Einzelperson bezogen, subjektiv verständlich sein, von einem Dritten aber nicht nachvollziehbar sein. Man fühlt sich ungerecht behandelt, unterdrückt und ausgebeutet.

Unzufriedenheit kann aber auch zum Aufbegehren grösserer Massen, eines ganzen Volkes führen, wie die Geschichte uns mehrfach gelehrt hat.

Man denke gerade in der jüngsten deutschen Geschichte an das Ende der DDR und die davor erfolgten Protestumzüge in Leipzig. Die kollektiven Mahnrufe „Wir sind das Volk!" dürften uns allen noch in Erinnerung sein.

Aber noch immer gibt es Länder, auch hier in Europa, in denen die Meinung des Volkes kein Gehör findet, ja, sogar mit Polizei und Waffengewalt unterdrückt wird.

Auf andere Kontinente möchte ich gar nicht erst eingehen, jedoch denke ich, dass jeder von Ihnen, der diese Zeilen liest, genügend Länder angeben kann, auf die diese Aussagen zutreffen.

Aufbegehren muss nicht immer mit Tätlichkeiten oder Aggressionen verbunden sein, nein, es genügt schon ein „Sich Verweigern", in dem man Aufgaben nicht ausführt, die dann denjenigen zum Vorteil dienen sollten, die unterdrücken, und ihnen damit zum Schaden gereichen.

Eine Rebellion hat schon einen etwas mehr martialischen Charakter, bei der bestehende Zustände zerstört oder hinweggefegt werden können.

Als Unbeteiligter ist es nicht immer leicht, eine gewisse Objektivität walten zu lassen. Das hängt oft vom Ergebnis ab.

Das Aufbegehren ist nicht immer von Erfolg gekrönt, also von einer Änderung der Zustände, wie sie im Sinn oder Wunsch der Handelnden lagen.

Jede Handlung, gleich welcher Art, kann wie den Erfolg genauso den Misserfolg nach sich ziehen. Das Scheitern gehört zum Leben ebenso dazu wie der Erfolg.

In der geschichtlichen Betrachtung werden diese Erfolgs-Menschen je nach Einstellung als Helden gefeiert, man bewundert sie, jedoch man kann für sie bei Misserfolg sogar so etwas wie Mitleid empfinden oder lässt sich gar zu der etwas trivialen Äusserung verleiten wie „Das hat er jetzt davon!" oder „Selbst Schuld!" oder gar „Das hätte er oder die anderen sich vorher genau überlegen sollen."

Neben diesen Schilderungen dürfen wir einen sehr wichtigen Aspekt des Themas „Aufbegehren" nicht ausser Acht lassen.

Es ist das Thema der persönlichen Entwicklung, der Individuation. Das Kind ist von seiner Geburt an die ersten Jahre eingebunden in die Familie. Manche sprechen von einer seligen Kindheit. Doch irgendwann beginnt eine neue Phase in diesem Prozess, wir nennen es die Trotzphase oder die Entwicklung des Egos. Das Kind sagt „Nein" zu Wünschen oder Aufforderungen, die von aussen, meistens zuerst den Eltern, an es herangetragen werden. Eine unabdingbare Erfordernis ist für jedes Kind das Erwachsenwerden, das heisst das Abnabeln von den Eltern, also eigene Wege zu gehen und eigene Entscheidungen zu treffen. Es ist eine schwierige Gratwanderung, denn an die Stelle der Eltern treten die Lehrer, später eventuell die Dozenten der Universität und in der Berufsausbildung und im Beruf der Chef oder Vorgesetzte.

Ein Start-up zu gründen, um selbständig zu werden, braucht auf der einen Seite Ideen, dann Förderer und zum anderen Kapital. Aber auch der Weg in die Selbständigkeit ist mit Abhängigkeiten verbunden, wenn diese auch beherrschbar sind oder sein können.

Wie man sieht, das Aufbegehren, das Aufbrechen kann immer mit Hindernissen oder Rückschlägen verbunden sein. Aber der Mensch muss aufbrechen, am Ende seines Lebens muss er ein anderer sein oder geworden sein. Dieses Aufbegehren kann sanft vonstatten gehen und muss nicht mit Gewalt durchgesetzt werden.

Das Aufbegehren im Mythos

Nach der „Ilias" und der "Odyssee" von Homer tritt uns in der griechischen Schriftkunst ein Mann entgegen, der sich mit der Entstehung von Himmel und Erde sowie mit den Anfängen der Götter befasst hatte und dies in Gedichtform gekleidet hat: Hesiod.

Eine gewaltige und mutige Tat, wenn man einmal eine poetische Aufarbeitung als Tat bezeichnen kann. Und dazu noch über die Götter!

Die Figur des Prometheus spielt darin eine nicht unwesentliche Rolle.

Für unser Thema des Aufbegehrens hat die Gestalt des Prometheus eine grosse Bedeutung, so dass wir ihm seiner Bedeutung gemäss ausreichend Zeit und Raum und Zeilen gewähren wollen.

Manch einer mag vielleicht denken, was haben die Mythen der Alten Griechen überhaupt noch mit unserer Zeit zu tun? Sind sie nicht völlig überholt? Muss man sich in unserer sich so wissenschaftlich gebärdenden Zeit eigentlich noch mit ihnen befassen?

Klingen viele Geschichten der griechischen Mythologie wie veraltete Märchen, die vielleicht noch geeignet sind, sie Kindern zu erzählen oder sie, da die Mythen auch nicht immer harmlos und sanftmütig erscheinen, den Kindern als Schreckensbeispiele vorzuführen.

Mythen, Märchen und Sagen sind der farbenprächtige Versuch, Wahrheiten jenseits der vordergründigen Welt der Formen in Worte, Gedichte, Hymnen und Lieder zu kleiden, um sie den Menschen ein wenig klarer werden zu lassen. Sie stellen zugleich die Hilflosigkeit der Menschen dar, in der Meditation oder im Moment lichter Klarheit eingegebene Botschaften aus der Sphäre des Wirkenden, die alles Lebendige durchdringt, wie mit einem Zipfel zu erhaschen.

Der Mythos steht über der Zeit!

Der Mythos steht jenseits des konsekutiv-logischen Aufeinanderfolgens. Er bedarf der Auffächerung in die Zeit nur bedingt, um transzendente Muster und Wahrheiten dem Menschen bildhaft nahe zubringen. Gehen wir jedoch nach unserem bewährten und für die Überführung in unsere Zeit recht brauchbarem Schema vor, zwischen verschiedenen Ereignissen zeitliche und logische Querverbindungen herzustellen, müssen wir am Begreifen des Mythos zwangsweise scheitern.

Wir wollen aber in diesem Buch nicht nur bei den Griechen und ihrer Mythologie verweilen. Die mythische Figur des Prometheus soll in diesem Buch quasi als Initial-Zündung dienen, als Einstiegsgestalt, als Prototyp eines Menschen, der es wagt und den Mut besitzt, sich gegen die Götter bzw. in diesem Fall gegen den Gott Zeus aufzulehnen. Quasi zu rebellieren und aufzubegehren, weil er anderer Ansicht ist als die Unsterblichen des Olymp. Und in letzter Konsequenz sich aus dem Widersetzen auch noch einen Vorteil zu erhoffen.

Obwohl er keine historische Figur darstellt, sondern eine Gestalt der griechischen Mythologie ist, folgen ihm später geschichtliche Persönlichkeiten, die sich gegen Bestehendes wenden und aufbegehren. Einige von ihnen, die mein Interesse gefunden haben, möchte ich Ihnen aufzeigen und ein wenig näher bringen.

Zur Gestalt des Prometheus

Wenn wir Näheres über Prometheus erfahren wollen, müssen wir die Theogonie des antiken Dichters Hesiod etwas näher betrachten.

Danach ist Prometheus einer der Söhne des Titanen Iapetos und der Okeanide Klymene. Seine Mutter ist eine der dreitausend Töchter des Gewässergottes Okeanos, den Hesiod ebenfalls zu den Titanen zählt, und der Thetys, die Schwester und zugleich Gattin des Okeanos ist, in der Mythologie und der Geschichte der Götter und göttlichen Wesen keine Seltenheit. Auch Zeus und seine Ehefrau Hera waren Geschwister, ebenso wie Kronos und Rhea, die Vorgänger der Olympier und Eltern unter anderem von Zeus und Hera.

Die Brüder des Prometheus sind zum einen Atlas, dem die Bürde der Last des Himmelszeltes aufgetragen ist, der weniger bekannte Menoithios, schlesslich Epimetheus, der uns aus der Geschichte um die Büchse der Pandora bekannt ist. Sie wird uns gleich noch begegnen.

Interessant ist die Namensgebung von zweien der Brüder.

Epimetheus bedeutet so viel wie der „Nachherbedenkende", keiner also, der in der Lage ist, vorauszudenken und stets erst handelt, bevor er über sein Ansinnen oder mögliche Gefahren kritisch nachdenkt.

Das Gegenteil dazu ist Prometheus, der „Vorherbedenkende", der also sämtliche Handlungen vorher bedenkt, der alles plant und genau überlegt und abwägt, der vieles vorher weiß oder ahnt, bevor er zur Tat schreitet.

Wie man sieht, auch damals konnten Geschwister schon sehr unähnlich sein.

Der Göttervater Zeus beherrscht mit seinen Brüdern Poseidon und Hades nach ihrem Kampf gegen die Titanen, der die gesamte Erde erschütterte, die Welt.

Obwohl Prometheus ein Titanensohn ist, hat er sich schlauerweise auf die Seite der olympischen Götter geschlagen und erlebt daher nicht das Schicksal der anderen Titanen.

Zeus als Herrscher der Welt fordert nunmehr als Anerkennung von den Menschen regelmässige Opfer von Nutztieren.

Prometheus fühlt sich als Beschützer der Menschheit und möchte sie von dieser ständigen Opferpflicht befreien.

Auf einer Zusammenkunft in der Stadt Mekone will Zeus eine Vereinbarung über die Opferpflicht mit den Sterblichen treffen. Prometheus will hier ein Beispiel einführen, das für alle Zukunft gelten soll. Und er greift zu einer List, um den Menschen zu helfen und sie von der lästigen Opferpflicht zu befreien.

Um den Leser mit der Darstellung von Hesiod zu befreunden, hier die Übersetzung aus der Theogonie von Hesiod:

Zu der Zeit nämlich, als sich Götter
Und sterbliche Menschen schieden, in Mekone,
Damals teilte er (Prometheus), gerne bereit,
Ein mächtiges Rind auf und legte es vor,
Gewillt, Zeus' Sinn zu hintergehen.
Vor ihn nämlich legte er die Fleischstücke
Und die fettumgebenen inneren Teile in die Rindshaut
Und bedeckte sie mit dem Magen des Rinds,
Für die Menschen aber schichtete er, in listiger Kunst,
Die weißen Rindsknochen hoch
Und bedeckte sie mit glänzendem Fett.
Damals sprach nun zu ihm
Der Vater der Menschen und Götter:
„Sohn des Iapetos, ausgezeichneter
Unter all den Fürsten;
Bester, wie parteiisch hast du die Teile verteilt."
So sprach tadelnd Zeus,
Er, der unvergängliche Ratschlüsse weiß.
Zu ihm sprach erwidernd Prometheus,
Der Krummes sinnende,
Leicht dabei lächelnd,
Und vergaß nicht seine listigen Künste:
„Zeus, erlauchtester, größter
Der ewig seienden Götter,
Nimm von den beiden doch den Teil,
Den dein Herz in der Brust dich nehmen heißt."
So sprach er mit listigem Sinn.

Doch Zeus, der unvergängliche Ratschlüsse weiß,
Erkannte wohl und verkannte nicht den Trug;
Aber ahnend schaute er im Innern
Übel für die sterblichen Menschen,
Die denn auch vollendet werden sollten.
ja, mit beiden Händen hob er hoch das weiße Fett
Und er ergrimmte drinnen am Zwerchfell,
Erbittert ward er im Sinn,
Als er sie sah, die weißen Knochen des Rindes,
In listiger Kunst gelegt.
Seit jenem Tag verbrennen
Die Völker der Menschen auf der Erde
Den Unsterblichen die weißen Knochen
Auf duftenden Altären.
Und zu ihm sprach voller Unwillen
Zeus, der Versammler der Wolken:
„Sohn des Iapetos,
Der du vor allen dich auskennst im Planen,
So hast du, mein Bester, also auch jetzt nicht
Listiger Künste vergessen."
So sprach voller Grimm Zeus,
Er, der unvergängliche Ratschlüsse weiß.
Und seit dem Tag nun
War er stets dieses Trugs gedenk
Und gab den Eschen nicht
Die Kraft des unermüdlichen Feuers
Zum Nutzen der sterblichen Menschen,
Die am Boden ihre Wohnstatt haben.
Aber es hinterging ihn
Der treffliche Sohn des Iapetos
Und stahl des unermüdlichen Feuers
Weitblickenden Schein
Drinnen im Mark eines Narthexrohres.
Es biß ihm drinnen den Sinn, dem hochdonnernden Zeus,
Er ergrimmte in seinem Herzen,

Als er bei den Menschen sah
Des Feuers weitblickenden Schein.
Sogleich bereitete er,
Das Feuer zu entgelten und aufzuwiegen,
Ein Übel für die Menschen.
Aus Erde nämlich formte
Der weitberühmte Hinkfuß (Hephaistos),
Was einer achtbaren Jungfrau glich,
Nach des Kronossohns Plänen.
Es gürtete sie und ordnete ihr die Falten die Göttin,
Die strahlenäugige Athene, am silberhellen Kleid,
Vom Haupt zog herab die Göttin mit ihren Händen ,
Ein feines, kunstvoll verziertes Tuch,
Ein Wunder zu schauen".
Und einen goldenen Reif setzte sie ihr aufs Haupt,
Den der weitberühmte Hinkfuß selber gefertigt,
Und frische Gewinde aus Blumen der Wiese, liebliche,
Mit kundigen Händen, Zeus dem Vater zu Gefallen.
Auf ihm waren viele Gebilde geformt,
Ein Wunder zu schauen,
Wilde Tiere, wie sie viel die Feste nährt und das Meer.
Solche setzte er viele darauf,
Und Reiz umhauchte sie alle,
Staunenswert waren sie,
Lebenden, stimmbegabten Wesen gleich.
Und als nun, zum Entgelt für das Gut,
Zeus das schöne Übel erschaffen hatte,
Führte er sie hinaus, wo die anderen waren,
Die Götter und Menschen,
Sie, die prangte im Schmuck
Der strahlenäugigen Tochter des Mächtigen.
Staunen hielt gefangen die unsterblichen Götter
Und sterblichen Menschen,
Wie sie erblickten den steilen Trug,
Unüberwindbar den Menschen '.

Von ihr nämlich kommt das verderbliche Geschlecht,
Die Stämme der Frauen,
Die, ein großes Leid,
Unter den sterblichen Männern wohnen;
Nicht bei der verhaßten Armut
Sind sie passende Begleiter,
Wohl aber beim Überfluß.
Wie wenn in den gewölbten Stöcken
Bienen die Drohnen nähren,
Die sich verschworen haben zu schlimmem Tun.
Die Bienen mühen sich den langen Tag über
Bis zum Untergang der Sonne,

Zum besseren Verständnis soll die Poesie Hesiods einmal in heutige Worte gekleidet werden.

In dem Ort Mekone lud Prometheus mit einem listigen Hintergedanken die Götter zum Opferschmaus ein.

Prometheus bittet nunmehr Zeus, sich den Haufen Fleisch zu nehmen, der ihm besser gefalle. Zeus hat natürlich die List durchschaut, gibt aber vor, sich täuschen zu lassen, denn er hat vor, die Menschen und Prometheus ohnehin zu bestrafen. Er greift zu dem Haufen mit den weissen Rindsknochen. Beim Anblick ergrimmt er, denn nun gilt die Vereinbarung: Die ungenießbaren Teile der Opfertiere werden in Zukunft den Göttern dargebracht und das Fleisch ist für die Menschen gedacht.

Aus Zorn über die versuchte Täuschung entzieht Zeus den Menschen den Gebrauch des Feuers, so dass ihnen fortan die Verwendung von Brennholz und der Verzehr von dem ihnen zustehenden Teil des Rindes unmöglich gemacht wird.

Nach einer anderen Erzählung soll Zeus gebrüllt haben: „Lasst sie das Fleisch doch roh essen!"

Jetzt erweist sich Prometheus als Freund der Menschen, bringt ihnen das Feuer und lehnt sich gegen die Vorherrschaft und das Diktat des Zeus auf.

Im Grunde zeigt sich darin eine Parallele zu Zeus und seinem Vater Kronos.

Heinrich Füger: Prometheus bringt das Feuer zu den Menschen

Kronos empörte sich gegen seinen Vater Uranos, den er entmachtete.

Aus Furcht und durch eine Vorhersage gewarnt fürchtete Kronos wiederum, von seinem Sohn entmachtet zu werden. Daher frass er alle Kinder auf, die er mit seiner Gattin Rhea zusammen hatte, nur Zeus entkam durch eine List diesem furchtbaren Schicksal.

Als Zeus grösser wurde, wusste er Metis, eine Tochter Okeanos', für seine Zwecke zu gewinnen. Ihr gelang es, dem Kronos ein Brechmittel einzuflößen, dass er die fünf verschlungenen Kinder wieder von sich gab. Mit ihnen zusammen focht Zeus zehn Jahre lang gegen die Titanen, bis er und seine beiden Brüder die Herrschaft über die Welt gewannen. Zeus über die Erde und den Himmel, Poseidon über die Flüsse und die Meere und Hades über die Unterwelt.

Seit diesen Begebnissen fürchtete auch Zeus immer wieder, dass man sich gegen ihn und seine Herrschaft empörte.

Um den Menschen das gegen ihren Willen geraubte Feuer wieder zu gewinnen, stahl Prometheus im Himmel etwas Glut in einem ausgehöhltem Nartex-Rohr (eine Art Riesenfenchel), in dem es weiter glühte und brachte es zur Erde.

Zeus sah die Flammen auf der Erde leuchten und man kann sich vorstellen, dass sein Zorn ob des erneuten Betrugs grenzenlos war.

Er beschloss, sich an den Menschen als auch an diesem widerspenstigen und aufrührerischen Titanensohn zu rächen, und zwar auf zweierlei Weise.

Zum einen befahl er dem olympischen Schmied Hephaistos aus Wasser und Erde die Gestalt eines hübschen, verlockenden Mädchens zu schaffen, so schön wie eine Göttin. Er gab ihr eine menschliche Stimme.. Die olympischen Göttinnen halfen dabei. Athene umhüllte sie mit wunderschönen Kleidern, Schmuck und einem farbigen Kranz von Wiesenblumen. Aphrodite erhielt die zu ihr passende Aufgabe: Sie sollte die künstliche Frau mit Liebreiz und Anmut versehen und ihr die Gabe der Betörung verleihen. Hermes konnte da auch nicht abseits stehen und verlieh ihr Listigkeit und Wortgewandtheit. Als sie fertig war und Zeus sie vorführte, staunten selbst die Götter vor so viel Schönheit.

Hesiod führt in seiner Theogonie an, dass dieses Wesen die „Urfrau" oder „Urahnin" aller Frauen gewesen sein soll.

Pandora hiess dieses neue Wesen, „die alles Gebende". Zeus hatte seine Kränkung nicht vergessen und sann weiterhin auf Rache: Er schenkte ihr eine Büchse, in der alle Leiden der Menschen eingeschlossen waren. Daraufhin schickte er seinen listigen Sendboten Hermes, um die Büchse als Geschenk den Menschen anzubieten und zugleich sollte er den Epimetheus dahingehend motivieren, diese künstliche Schönheit zur Frau zu nehmen. Geblendet von ihrer Schönheit willigte Epimetheus ein und heiratete sie. Obwohl Prometheus ihn ausdrücklich gewarnt hatte, niemals ein Geschenk von Zeus anzunehmen. Kaum in den Stand der Ehe getreten, öffnete Pandora, neugierig wie alle Frauen, diese Büchse und heraus schwebten alle Leiden, Mühen und Krankheiten dieser Welt. Zeus hatte ihnen keine Stimme gegeben und so fielen sie lautlos über die leidgeprüfte Menschheit her. Seither sind die Menschen von diesen unzähligen Plagen ständig gebeutelt.

Als Pandora es bemerkte, versuchte sie schnell die Büchse wieder zu verschliessen, doch es war zu spät, alle waren entwichen bis auf die Hoffnung, die als einzig Gutes den Menschen vorbehalten blieb.

Aber Zeus konnte diese Blamage einfach nicht vergessen und in seinem Rachedurst liess er Prometheus im Kaukasus an einen Felsen ketten und schickte ihm einen Adler, sein Wahrzeichen, der jeden Tag seinen Bauchraum öffnete und die Leber frass. Nachts jedoch regenerierte sich die Leber wieder, denn Prometheus war unsterblich.

In der Symbolik ist die Leber das Organ des Vertrauens, zugleich kann sie ein Spiegel sein für Masslosigkeit und Überheblichkeit. Der Adler, das Vorzeigetier des Zeus, versucht somit das Aufbegehren des Prometheus in die Schranken zu weisen.

Herakles erlöstPrometheus

Irgendwann, die Zeit spielt hier augenscheinlich keine Rolle, kam Herakles auf dem Weg zu den Goldenen Äpfeln der Hesperiden hier vorbei und tötete den Adler, allerdings mit Einverständnis von Zeus. Die Fesseln blieben aber bestehen.

Auch Götter können sich ab und zu mit der noblen Geste des Verzeihens schmücken.

Das Ende des Prometheus ist nicht bekannt, da er aber unsterblich ist, müsste er noch heute unter uns weilen. Und wenn man sich einmal kritisch in seiner Umgebung oder in der Welt umschaut: Noch immer findet man Menschen, denen auch heute noch die Eigenschaften des Prometheus nicht abzusprechen sind. Sie haben nur einen scheinbaren Vorteil: Sie sind nicht angekettet! Aber sterblich!

Der Adler des Zeus hat heute mit Sicherheit eine andere Gestalt.

18

Die Tat des Kronos

Im vorigen Kapitel wurde bereits kurz darauf hingewiesen: Es gibt in der griechischen Mythologie der Frühzeit eine weitere erwähnenswerte Geschichte zum Thema Aufbegehren.

Zeitlich – auch wenn es offenbar in der Mythologie keine so entscheidende Rolle spielt – liegt diese Geschichte noch vor dem Erscheinen von Zeus. Da aber Prometheus die bekanntere „Persönlichkeit" für unsere Begriffe darstellt, lassen wir ihm grosszügig die erste Geschichte dieses Bu ches.

Wir greifen wieder auf Hesiod zurück.

Am Anfang gab es nur Gaia, die Erde, und Uranos, den Himmel. Und Eros! Nicht diesen kleinen pausbäckigen Begleiter der Liebesgöttin Aphrodite, sondern dieses gewaltige, umfassende und schaffende Prinzip, das die Gegensätze im Sinn von Entwicklung zueinander drängt und vereint.

Ihm unterliegt auch der Himmel Uranos. Ständig lässt er sich auf die Erde Gaia herab, um sich mit ihr zu vereinigen. Daraus entstehen regelrechte Ungeheuer, unter anderem die Hekatoncheiren, die Hundertarmigen. Und auch die Titanen, von denen schliesslich auch Prometheus abstammt.

Irgendwann werden der Mutter Gaia die ständigen „Besuche" von Uranos zuviel, die vielen entstandenen Schreckensgestalten, die in ihr ständig herumwühlen, sind ihr lästig geworden. Sie bespricht sich mit Kronos, dem Jüngsten der Titanen, was zu tun sei.

Man müsse sich gegen den Vater auflehnen, um sein ständiges Zeugungsbegehren zu unterbinden. Von dem Jüngsten verspricht sie sich Mut und Zukunftsorientiertheit.

Sie verschafft ihm eine steinerne Sichel, um damit beim nächsten Annäherungsversuch den Vater zu entmannen. Was Kronos dann auch tat. Die Männlichkeit des Vaters warf er hinter sich und sie fiel ins Meer.

Dieses gemeinsame Aufbegehren hatte noch ein wundervolles Ergebnis im Gefolge.

Die abgetrennte Männlichkeit fiel in der Nähe der Insel Kythera in der Ägäis ins Wasser. Es schäumte gewaltig auf und daraus entstand die Liebesgöttin Aphrodite, die Schaumgeborene, wie sie auch genannt wird. Warme Meeresströmungen trugen sie bis nach Zypern, wo sie in Paphos das Land betrat und von göttlichen Wesen empfengen und bekränzt wurde.

Aber das ist jetzt wieder eine andere Geschichte der so überaus phantasiereichen griechischen Sagenwelt.

Aphrodite wird uns aber im Kapitel über die antike Poetin Sappho noch einmal begegnen

Adam und Eva oder das erste Aufbegehren

Im Grunde ist das Aufbegehren und Auflehnen gegen Anweisungen sowie Zuwiderhandlungen gegen Verbote, verbunden mit eigenen, erhofften Vorteilen daraus, ein uraltes Thema und zeigt sich nicht nur in der mythologischen Affäre um Prometheus und Zeus.

Ein Rückblick in unsere eigene biblische Kulturhistorie führt uns das sehr eindrucksvoll vor Augen.

Gleich im ersten Teil der Bibel, der Genesis oder Schöpfungsgeschichte, finden wir ein Beispiel, das uns allen, die christlichen Glaubens sind, lebhaft vor Augen stehen sollte.

Und Gott der Herr nahm den Menschen und setze ihn in den Garten Eden, dass er ihn bebaute und bewahrte.

Und Gott der Herr gebot dem Menschen und sprach: „Du darfst essen von allen Bäumen im Garten, aber von dem Baum der Erkenntnis des Guten und Bösen sollst du nicht essen, denn an dem Tage, da du von dem Baum issest, musst du des Todes sterben."

Inzwischen ist der Mensch nicht mehr allein, denn Gott hat aus der Rippe Adams, wie Martin Luther übersetzt, das Weib Eva geschaffen. Und es geht weiter:

Aber die Schlange war listiger als alle Tiere auf dem Felde, die Gott der Herr gemacht hatte, und sprach zu dem Weibe: „Ja, sollte Gott gesagt haben: Ihr sollte nicht essen von allen Bäumen im Garten?"

Da sprach das Weib zu der Schlange: „Wir essen von den Früchten der Bäume im Garten, aber von den Früchten des Baumes mitten im Garten hat Gott gesagt: ‚Esset nicht davon, rühret sie auch nicht an, dass ihr nicht sterbet'."

Da sprach die Schlange zum Weibe: „Ihr werdet keineswegs des Todes sterben, sondern Gott weiß: an dem Tage, da ihr davon esset, werden eure Augen aufgetan und ihr werdet sein wie Gott und wissen was gut und böse ist."

Und das Weib sah, dass von dem Baum gut zu essen wäre und dass er

21

eine Lust für die Augen wäre und verlockend, weil er klug machte. Und sie nahm von der Frucht und aß und gab ihrem Mann, der bei ihr war, auch davon, und er aß.

Da wurden ihnen beiden die Augen aufgetan, und sie wurden gewahr, dass sie nackt waren, und flochten Feigenblätter zusammen und machten sich Schurze.

Gott entdeckt natürlich das Übertreten des Verbotes. Die Schlange erhält ihre Strafe, dass sie fortan auf dem Bauch kriechen muss.

Und zum Weibe sprach er: „Ich will dir viel Mühsal schaffen, wenn du schwanger wirst, unter Mühen sollst du Kinder gebären. Und dein Verlangen soll nach deinem Mann sein, aber er soll dein Herr sein."

Und zum Manne sprach er: „Weil du gehorcht hast der Stimme deines Weibes und gegessen von dem Baum, von dem ich dir gebot und sprach: ‚Du sollst nicht davon essen'

Verflucht sei der Acker um deinetwillen. Mit Mühsal sollst du dich von ihm nähren die Leben lang.

Dornen und Disteln soll er dir tragen und du sollst das Kraut auf dem Felde essen.

Im Schweiße deines Angesichts sollst du dein Brot essen, bis du zu wieder zu Erde werdest, davon du genommen bist. Denn du bist Erde und sollst zu Erde werden."

Es ist der Sündenfall und die Vertreibung aus dem Paradies, einem Zustand, nach dem wir uns immer noch sehnen.

Manche naiven Menschen sind noch der Ansicht, das Paradies sei ein Ort oder eine Gegend oder ein Land irgendwo im Nahen Osten gewesen, da im zweiten Kapitel von einem Strom berichtet wird, der von Eden ausgeht, den Garten zu bewässern und sich von dort in vier Hauptarme aufteilt, die namentlich erwähnt werden.

Und die Suchenden der Jetztzeit können nicht fündig werden, wenn sie auch noch so lange suchen, denn wie eben erwähnt, der Garten Eden, das Paradies, ist ein Zustand.

In diesem Garten gibt es kein Gestern und kein Morgen, es gibt keine

Zeit, es ist ein immer währendes Hier und Jetzt.

In einem solchen Zustand kann keine Entwicklung stattfinden, da sie offenbar nicht nötig ist.

Die Vertreibung aus dem Paradies ist die notwendige Entlassung ins Menschsein, in die unbarmherzige Zeit, in den Wechsel von Geburt und Tod und damit in die Chance trotz der engen Zeitgebundenheit des Lebens Entwicklung zu ermöglichen und stattfinden zu lassen.

Adam und Eva nach dem Sündenfall
Am Baum windet sich die „Anstifterin", die Schlange herab
(Lucas Cranach d.Ä.)

Die Geschichte vom verlorenen Sohn

Im Neuen Testament erzählt Jesus im Evangelium nach Lukas die Geschichte vom verlorenen Sohn.

Ein Mensch hatte zwei Söhne. Eines Tages trat der jüngere an den Vater heran und bat um sein ihm zustehendes Erbteil. Der Vater teilte es unter die Söhne auf. Der jüngere Sohn sammelte etwas später alles zusammen, brach in ein fernes Land auf. Leichtsinnig brachte er all sein Geld unter die Leute und als eines Tages eine grosse Hungersnot über das Land kam, stand ihm das Wasser bis zum Hals und in seiner Not trat er bei einem reichen Mann in den Dienst, der ihn zum Hüten der Säue schickte. Trotz seines Hungers verweigerte man ihm das gleiche Fressen wie die Schweine.

Er dachte nach und erinnerte sich an die Tagelöhner seines Vaters, die keinen Hunger litten. Er beschloss, zurückzukehren und vor seinen Vater zu treten: „Ich habe gesündigt und aufbegehrt gegen den Himmel und gegen dich. Ich bin hinfort nicht wert, dein Sohn zu heissen. Mache mich zu einem deiner Tagelöhner!"

Und er brach auf.

Sein Vater erkannte ihn schon von weitem. Sein Aussehen jammerte ihn. Er fiel seinem Sohn um den Hals und küsste ihn.

Der Sohn sagte seine geplanten Worte auf.

Der Vater ging darauf gar nicht ein und schickte einen Knecht, um ihm angemessene Kleidung zu holen.

Er befahl dem Knecht noch: „Bringe das gemästete Kalb und schlachtet es. Lasst uns essen und fröhlich sein! Denn dieser Sohn war tot und ist wieder lebendig geworden, er war verloren und ist wieder gefunden worden.!"

Als der ältere Sohn vom Felde heim kam, bemerkte er zu seinem Erstaunen Singen und Tanzen. Als er von der Rückkehr seines Bruders und von dem geschlachteten Kalb erfuhr, wurde er zornig und weigerte sich hinein zu gehen.

Sein Vater ging hinaus und versuchte ihn zu besänftigen.

Er aber sprach: „Siehe, ich habe dir viele Jahre treu gedient und dein Gebot nie übertreten. Für mich hast du nie einen Bock geschlachtet, damit ich mit meinen Freunden fröhlich sein konnte. Für ihn aber, der dein Hab und Gut mit Glückspiel und Huren verprasst hat, für den schlachtest du ein Kalb!"

Der Vater antwortete: „Du warst allezeit bei mir und alles, was mir gehört, gehört auch dir!

Dein Bruder hingegen war tot und ist für uns wieder lebendig geworden. Darum sei fröhlich und feiere mit uns!"

In diesem Fall führt das Aufbegehren, das Lösen vom Vater, zu einer Entwicklung, zum Erkennen von Not und Hunger.

Mit diesen gesammelten Erkenntnissen wird der jüngste Sohn vom Vater wieder in Freuden aufgenommen.

Rembrand   Der Vater empfängt seinen „verlorenen" Sohn

Echnaton, Pharao von Ägypten im Neuen Reich
Regierungszeit von 1353 – 1336 v. Chr.

Es ist die Zeit des Neuen Reiches, in der das Land am Nil seine grösste Entfaltung und Ausdehnung erlebte.

Im Alten Ägypten herrschte neben dem Pharao die Priesterkaste des Amun. Dieser war der oberste einer Vielzahl von Göttern, die alle ihren spezifischen Bereich hatten..

In Luxor im Süden des Landes entstand der grosse Karnak-Tempel, der dem Gott Amun geweiht war.

Hier wurde Echnaton, damals noch mit dem Namen Amenophis IV, als der Sohn des Pharaos Amenophis III mit seine Frau Teje geboren. Die Griechen wandelten den eigentlichen ägyptischen Namen Amenhotep (Amun ist zufrieden) in Amenophis um. Als sein Vater starb, wahrscheinlich an einer bakteriellen Kieferinfektion, übernahm der Sohn die Herrschaft über die beiden Länder Ober- und Unter-Ägypten. Bekannt wurde er geschichtlich erst richtig im Anfang des 20, Jahrhunderts, vor allem auch durch den Fund der Büste seiner berühmten Königsgemahlin Nofretete, die man heute in Berlin im Neuen Museum bewundern kann.

Er war so ganz anders als sein Vater und überhaupt als die Pharaonen vor ihm. Es ging ihm nicht um Landeroberung und Ausdehnung des Reiches. So wie ich ihn einschätze, war er ein nachdenklicher Mensch, der vieles hinterfragte und sich über alles seine Gedanken machte.

Das Kriegerische und das Militärische lagen ihm überhaupt nicht, seine Truppenführer mussten ihn wahrscheinlich immer wieder auf mögliche Bedrohungen von aussen hinweisen.

Als zukünftiger Pharao durchlief er auch eine Ausbildung bei den Priestern im Karnak-Tempel und auch im Luxor-Tempel, den sein Vater erbauen liess.

Ich glaube, bei dieser Erziehung lernte er auch die Scheinheiligkeit der Priester kennen. Nach außen hin erwarteten sie die unterwürfige Gefolgschaft der Menschen, es ging ihnen einfach um Machtausübung durch Religion. Untereinander im kleinen Kreis benahmen sie sich völlig anders. So könnte ich mir vorstellen, dass so mancher kritische Priesterschüler gemurrt haben muss: „Müssen wir schon wieder die Statue des Amun putzen und salben? Wozu das ganze?"

Echnaton wird diese aufsässigen Reden mit Sicherheit registriert haben.

Bei seiner Mutter Teje konnte er oft seine kritischen Gedanken los werden.

„Was machen die Mönche nur für einen unsinnigen Aufwand, indem sie Götzen aus Holz und Stein anbeten, sie sogar pflegen und mit Ölen einreiben. Nie habe ich gehört, dass einer dieser Götter, auch der oberste, Amun, nicht, sich durch Worte an die Priester gewandt hat. Tot, einfach ohne Leben erscheinen sie mir. Sollte Vater, der Große Gott, sich in das schöne Land des Westens verabschieden und ich die schwere Bürde des Pharao übernehmen muss, will ich einiges ändern"

Teje war beunruhigt und versuchte ihn zu besänftigen – so stelle ich mir das vor – indem sie auf die Macht und den Reichtum der Priesterkaste verwies.

„Denke daran, Amun heisst auch der Verborgene, er spiegelt sich nur in den Statuen wieder, weil die Menschen unfähig sind, etwas zu denken, was sie mit eigenen Augen nicht sehen können."

Doch Echnaton war davon nicht zu überzeugen.

„Das einzige göttliche Wesen in den Beiden Ländern und überall, wo Menschen leben, ist die Sonne, der wir den Nil und unser Leben verdanken. Schau dir an, wie glänzend ihre Strahlen sind und wie sie sich wärmend und nährend über den Himmel bewegt. Das ist Aton, der wahre Gott der Menschen und aller Tiere hier im Land. Alles andere sind nur von der Priestern erfundene, für ihre Zwecke eingesetzte Gebilde, um die Menschen gefügig zu machen! Auch die Geschichte mit der Himmelsbarke, die mit so vielen gestorbenen Pharaonen über den Himmel ihre Bahn zieht, ist nichts als reine Phantasie!"

Mit seinem Vater Amenophis III vermochte er über seine Gedanken nicht zu sprechen, denn der litt seit längerer Zeit schon an Zahnschmerzen, die ihn etwas unleidlich machten.

Seine Mutter jedoch versuchte, immer wieder, den Sohn in seinem ungestümen Drang nach Veränderung zurückzuhalten.

„Bedenke, dass die Menschen hier in diesem Schwarzen Land sich so an ihre Götter und deren angebliche Eigenschaften, wie du vermeinst, gewöhnt haben, dass es unglaublich schwer, wenn nicht sogar unmöglich sein dürfte, sie von ihrem alt her gebrachten Glauben abzubringen! Dein Vater hat zwar auch schon mal den Namen Aton erwähnt, es wäre ihm aber nie eingefallen, eine solche Kehrtwende zu vollziehen. Ausserdem hatte er in seinen letzten Jahren andere Sorgen als sich um die Religion zu kümmern."

Echnaton liess sich aber von diesen mütterlichen Argumenten nicht im geringsten bewegen.

Inzwischen hatte er Nefertiti (wir sagen heute Nofretete), die Schöne, die aus den Fremdländern nach Luxor gekommen war, kennen gelernt und mit ihr den Bund der Ehe geschlossen. Sie schien, da sie aus ihrer Heimat (niemand weiss, woher sie stammt) andere Gedanken und Einstellungen mitbrachte, für seine Ideen aufgeschlossen zu sein.

Und dann kam der Tag, an dem er die Nachfolge von Amenophis III antreten musste. Er ertrug die üblichen Zeremonien und schaute den feierlichen Handlungen der Priester ohne innerliche Anteilnahme zu. Ab und zu warf er einen Blick nach oben zur Sonne.

Um die Macht Amuns zu beschränken, liess er direkt hinter dem Karnak-Tempel einen neuen, dem alleinigen Gott Aton geweihten Tempel hochziehen. Die Arbeit gingen zügig voran.

Doch dann kam die grosse, alles umstossende Entscheidung.

Er glaubte zu spüren, dass die Einwohner von Waset, wie Luxor damals hiess, sich noch immer mit den alten Göttern verbunden fühlten. Ein Ortswechsel musste her, ein Neubeginn, ohne die Amunpriester in der Nähe.

Echnaton mit seinem Hauptpriester und seinem Baumeister plante etwas grossartig Neues – eine neue Stadt, Achet Aton, weiter nilabwärts. Hier sollte ausschliesslich Aton der Herrscher sein, in offenen, ihm zugewandten Tempeln, nur zu ihm sollten sämtliche Gebete erklingen.

In relativ kurzer Zeit entstand hier zwischen Luxor und Sakkara eine völlig neue Residenz.

Nicht nur die Baumassnahmen gilt es zu bewundern, nein, auch noch die Poesie des Pharao, der den Sonnengesang an den einzigen Gott komponierte.

Ich habe versucht, ihn in meinem Buch „Der erste Messias?" etwas näher zu beschreiben und zu würdigen.

Denn er bringt etwas absolut Neues in die Welt: Den Monotheismus, den Glauben an einen einzigen Gott..

Aber die Welt, die Zeit, Ägypten war damals noch nicht reif für eine derartige Erneuerung des Glaubens.

So vollzieht Echnaton auch rein geografisch den Bruch mit der Tradition, mit den alten Göttern, vor allem mit dem bisherigen Hauptgott Amun.

Jedoch das Alte, das Angestammte, die Beharrlichkeit des Denkens waren stärker.

Niemand weiss, wie er aus dem Leben schied und wo seine Leiche geblieben ist.

Mit ihm sollte alles, aber wirklich alles, aus der Welt und aus den Köpfen der Ägypter ausgelöscht werden.

Echnaton mit seiner Gemahlin Nofretete im Gebet vor Aton

Sappho, die grosse griechische Poetin
Sie lebte um das Jahr 600 v. Chr.

Auf der westägäischen Insel Lesbos lebte um das Jahr 600 v. Chr. eine junge Frau, die gründlich anders war als ihre Geschlechtsgenossinnen. Sie interessierte sich für Politik und wurde Mitglied in einem literarischen Zirkel um Alkaios, der mit Vorliebe den Tyrannen Pittakos verspottete, der damals Herrscher über die Insel war.

Nun muß man eines vorausschicken. Das Wort Tyrann hatte damals nicht diesen negativen Beigeschmack wie diese Tyrannen, mit denen das 20.Jahrhundert zur Genüge „beglückt" war und von denen auch das 21. Jahrhundert offenbar nicht verschont bleibt, sondern im Gegenteil: Sie bewiesen sich oft als umsichtige Herrscher. So wurde Pittakos später sogar zu den Sieben Weisen von Hellas gezählt.

Sappho ließ sich durch die Spottverse von Alkaios anstecken und übernahm ein wenig diese kritische Haltung. Mit dem Erfolg, dass sie für drei Jahre in die Verbannung geschickt wurde.

Jedoch auch danach liess ihre Aufsässigkeit nicht nach, so dass sie nach Sizilien flüchten musste. Sie heiratete dort und bekam eine Tochter.

Nach einiger Zeit kehrte sie in ihre ursprüngliche Heimat zurück.

Sie machte sich Gedanken über die männliche Vorherrschaft der damaligen Zeit.

Sie kam zu dem Schluss:

Es kann und darf nicht sein, dass nur die Knaben eine voreheliche Erziehung geniessen und die Mädchen ohne eine Ausbildung in Kunst, Gesang, Tanz und Dichtung in eine Ehe hineingehen, nur um dort ein untergeordnetes Leben unter einem Mann zu führen.

Sie gründete einen Kreis, in dem sie junge Mädchen um sich scharte und mit ihnen gemeinsam das übte, was sie für eine standesmässige, voreheliche Erziehung für die Mädchen hielt.

Und nach und nach eilte ihr Ruf auch zu den fernen Gestaden des Festlandes und wohlhabende Familien schickten ihre Töchter von überall her zu ihr.

Sie sangen miteinander, sie tanzten, sie lasen und diskutierten.

Man kann sich lebhaft vorstellen, dass die männlichen Helenen dafür überhaupt kein Verständnis aufbrachten und sich über diese Art von Erziehung lustig machten und sie verspotteten..

Hinzu kommt noch, dass Sappho für die mehr militaristische Ausbildung der Knaben kein gutes Wort fand.

Ein Gedicht von ihr zeigte dies deutlich:

Die einen sagen: Eine Truppe von Reitern,
andere wieder: Fussvolk oder eine Flotte von Schiffen
sei auf der dunklen Erde das Schönste – ich aber sage:
Das was ein jeder lieb hat.

Es ist Sappho gelungen, in einer durch und durch patriarchalisch dominierten Welt eigene Akzente zu setzen und dem weiblichen Pol der Gesellschaft Gehör zu verschaffen.

Aber es gab einen Faktor, gegen den sie sich vergeblich wehrte: Die Zeit.

Auch an ihr, deren Vorbild die schaumgeborene Aphrodite in all ihrer zeitlosen Schönheit war, zeigten sich die Spuren des heranziehenden Alters. Die ersten Fältchen machten sich breit, die Haare verloren ihren attraktiven schwarzen Glanz und die Beweglichkeit bei Tanz und Gymnastik veränderte sich nach und nach.

Und ständig bewegten sich die jungen Mädchen in ihrer vollen Blüte als Erscheinungsbilder der Göttin Aphrodite vor ihren Augen.

Ein leicht traurig gestimmtes Gedicht zeigt es uns

Ich möchte dem Alter entfliehen
Das mich mit Runzeln zeichnet
Mein Haar vermischt sich mit weiß
Einst war es dunkel und veilchenfarben
Blauschwarz geringelt die Locken.

Was sie natürlich nicht mehr erleben konnte, das war das frühe Christentum. Man empfand ihre emotionalen Verse als ein Aufbegehren gegen christliche und moralische Vorstellungen. Zudem war sie noch eine Frau! Diese hatten es ohnehin schwer, sich gegen die engstirnige Männerwelt zu behaupten.

Das frühe Christentum zeichnete sich durch eine gewisse Prüdigkeit aus und daher verschwanden einige Gedichte der Poetin Sappho auf Nimmerwiedersehen, so dass wir uns heute mit manchem Gedichtstorso begnügen müssen.

Man muss denjenigen Frauen oder Männern dankbar sein, die die Schönheit ihrer Verse erkannt und sich bemüht hatten, gegen alle Widerstände der Dichterin Sappho ein Denkmal in der Zeit zu setzen, indem sie ihre Gedichte für spätere Generationen bewahrten.

Die Legende sagt, dass sie sich ins Meer gestürzt haben soll.

Alexander der Grosse

Eigentlich müsste die Überschrift ohne den Zusatz „der Grosse" erfolgen, denn das Thema „Aufbegehren" passt nur zu seiner Jugend und zu seinem Beginn der Feldzüge gegen das persische Weltreich.

Nachdem sein Vater, Philipp II von Makedonien von gedingter Mörderhand gefallen war, brach Alexander die von seinem Vater arrangierte Ausbildung bei Aristoteles ab und übernahm die Königswürde von Makedonien.

Obwohl noch im jugendlichen Alter war er bereits in Kriegs- und Schlachten-Erfahrung erprobt.

Es hatte einige Zeit erfordert bis die widerspenstigen Städte Athen und Theben die Vorherrschaft Makedoniens anerkennen mussten, obwohl der Redner Demosthenes ständig gegen die Makedonen und gegen Alexander hetzte..

Im Osten von Hellas lauerte aber der Hauptfeind der Griechen: Das mächtige Perser-Reich unter seinem Grosskönig Darius.

Neben Ägypten und Vorderasien hatten die Perser auch die gesamte ostägäische Region einschliesslich der Inseln unter ihrer Kontrolle.

Dazu zählten auch die berühmten Städte Ephesos, Milet und Troja. Von hier stammten auch berühmte griechische Denker, Poeten und Philosophen. Und schliesslich stammte der berühmte Dichter Homer aus dieser Gegend. Wenn man seinen Sagen glauben schenken kann, dann ist Alexanders grosses Vorbild Achilles hier zusammen mit seinem Freund Patroklos bei Troja begraben.

Einer der Beweggründe sicher, um dieses Gebiet mit seiner das Griechentum beeinflussenden Kultur wieder zurückzugewinnen.

Ein Versuch seines Vaters mit dem General Parmenion, die griechischen Städte in Kleinasien vom Joch der Perser zu befreien, scheiterte.

Im Kopf des jungen Königs kreiste unaufhörlich nun der Gedanke, gegen dieses Weltreich im Osten aufzubegehren, sie von den altehrwürdigen Stätten Kleinasiens zu vertreiben und diese Region wieder unter griechische Vorherrschaft zu bringen.

Man stelle sich das vor: Ein junger König, den seine Soldaten verehren und der sie zu begeistern vermag, besitzt den Mut, gegen ein damaliges

Weltreich zu Felde zu ziehen und sich gegen deren Vormachtstellung aufzulehnen.

Die erste Schlacht in Kleinasien gewinnt Alexander gegen persische Satrapen – der persische Grosskönig hielt es für unter seiner Würde, sich mit einem solchen Jüngling zu messen.

Aber der zieht weiter und es kommt zur berühmten Schlacht bei Issos. (333 v.Chr.) Die Bilder des fliehenden Grosskönigs sind bekannt.

Nun, die weitere Geschichte dürfte allerseits bekannt sein.

Das Aufbegehren der dynamischen Jugend gegen ein etwas verkrustetes Grossreich führt zum Erfolg.

Der junge König zieht mit seinem Heer bis ans Ende der damals bekannten Welt – bis an die Grenze von Indien.

Martin Luther
1483 – 1546

Um Martin Luther ranken sich eine Menge von Legenden, teils von anderen erzählt teils von ihm selbst bei den späteren Tischgesprächen unters Volk gebracht.

Luther hiess bis zu seinem 24. Lebensjahr nicht Luther, sondern Luder. Er wuchs in einer relativ wohlhabenden Familie auf.

Sein Vater hatte bestimmte Pläne für die berufliche Laufbahn des Jungen. Er schickte ihn zuerst auf die Mansfelder Stadtschule, danach auf die Domschule der vornehmen Handelsstadt Magdeburg. Dort lebte er bei einer freundlichen, italienstämmigen Patrizierfamilie, die ihm das Latein beibrachten.

Im Jahre 1501 begann der Siebzehnjährige in Erfurt zu studieren, so eine Art Studium generale. Dieses Studium was streng reglementiert. Wie in einem Kloster begann der Tag um vier Uhr morgens bis abends um acht zur Bettruhe.

Für das Weiterstudium entschied sich Martin auf Wunsch des Vaters für das Jurastudium.

Aber diese trockene Materie machte ihm nur wenig Freude und er äusserte sich oft recht negativ über das gesamte Umfeld.

Und dann kam ihm nach eigenen Aussagen der Zufall oder was immer es gewesen sein mag zu Hilfe.

Am 1. Juli 1505 wurde Luther beim Dorf Stuttenheim von einem Gewitter überrascht. Ein Blitz schlug ganz in seiner Nähe ein, so erzählte er später. Er geriet dermassen in Panik, dass er laut angsterfüllt ausrief: „Hilf du, Sankt Anna, ich will ein Mönch werden".

In späteren Erzählungen stellte er dieses Erlebnis so dar, als hätte ihn der Himmel selbst überfahren und ihn in seiner Panik diese Äusserung ausstoßen lassen. Von ihm stammt auch der einschränkende Satz: „Ich bin nicht gerne Mönch geworden!"

Man kann sich lebhaft vorstellen, wie sein Vater auf diese Entscheidung reagiert hat. Luther versuchte ihn damit zu besänftigen, indem er vorgab, in Todesangst gehandelt zu haben.

Später plagte ihn häufig die Furcht vor dem Gott des Alten Testaments mit seinem Zorn und seinem Rachebedürfnis.

Seine folgenden Klosterjahre hatten auf ihn einen wichtigen Einfluss. Zum einen betrachtete er sie teilweise als Gefahr und Verirrung, zum anderen als Annäherung an einen anders empfundenen Gott, der ihm helfen sollte seine Zweifel zu lösen.

Im Kloster übertrug man ihm immer mehr Aufgaben. Er wurde zum Doktor der Theologie promoviert und begann mit Vorlesungen an der neu gegründeten Universität in dem kleinen, unbedeutenden Wittenberg.

Seine Vorlesungen zeichnen sich durch andere Interpretationen der Bibel aus. Die Gnade Gottes ist dabei eines der tragenden Elemente seiner Lehre. Im Großen und Ganzen hatte Luther keinen Bruch mit der Kirchenlehre im Sinn, in seinen Vorlesungen sparte er aber nicht mit Kritik an den Bischöfen und seinen konservativen Kollegen.

Die kirchliche Lehre hatte seit dem Beginn des Christentums eine starke Wandlung erfahren. Die Kirchenväter der ersten Jahrhunderte sprachen von der Liebe und der Menschenfreundlichkeit Gottes. In der mittelalterlichen Kirche wandelt sich dieses Gottesbild. Angst, Sühne, Buße, strenge Askese waren jetzt die wichtigsten Momente, um den strengen Richter im Himmel gnädig zu stimmen.

Religion wurde zu einem Art Geschäft degradiert, mit dem die Ablassprediger über Land zogen und den Gläubigen Sündenerlass gegen Geld versprachen.

Das ging sogar so weit, dass die Menschen sich selbst durch Ablassbriefe von Sünden und Sündenstrafen freizukaufen versuchten, ebenso für bereits verstorbene Angehörige.

Dieser Ablasshandel war einer der wesentlichen Kritikpunkte Luthers. Die Einnahmen aus diesem Handel verwandte die Kirche zur Hälfte für den Bau des Petersdoms in Rom, die andere Hälfte beanspruchten die Bischöfe für eigene Zwecke.

Sein Hauptgegner war bei seinem Kampf gegen den Ablass-Handel war der Dominikaner Johann.Tetzel, der landauf landab diese Form der Sündenvergebung propagierte.

Jeder Protestant kennt noch aus dem Religions- oder Konfirmations-Unterricht das geflügelte Wort „Wenn das Geld im Kasten klingt, die Seele aus dem Feuer springt". In Gedanken konnte man noch hinzufügen: „in den Himmel ..."

Diese Auseinandersetzung Luthers mit den Missständen der Kirche führte im Jahr 1517 zu der Veröffentlichung der 95 Thesen an der Wittenberger Schlosskirche.

Es würde den Rahmen dieses Buches bei weitem sprengen, sämtliche Thesen – die übrigens in Latein verfasst waren und erst danach ins allgemein verständliche Deutsch übersetzt wurden – aufzuführen.

Daher nur einige wichtige:

Thesen 35-40: Niemand kann Vergebung ohne Reue erhalten, aber wer wirklich bereut, hat Anspruch auf völlige Vergebung – auch ohne bezahlten Ablassbrief

Thesen 45 – 49: Wer einem Bedürftigen nicht hilft, aber statt dessen Ablass kauft, handelt sich den Zorn Gottes ein

Thesen 52 – 55: Aufgrund eines Ablassbriefes ist kein Heil zu erwarten. Es ist falsch, wenn in einer Predigt länger über Ablass gesprochen wird als über Gottes Wort.

Thesen 75 – 76: Der Ablass kann keine schwerwiegenden und auch keine geringfügigen Sünden vergeben

Die im Jahrhundert zuvor durch Johannes Gutenberg gefundene Buchdruckkunst sorgte für eine schnelle Verbreitung dieser Thesen.

Viele Menschen fühlten sich durch die strenge Bevormundung der Kirchen bedrängt und spürten so etwas wie eine Erleichterung. Denn immerhin war es ein Professor der Theologie gewesen, der diese ungeheure Neuigkeit verkündet hatte.

Es führt zu einigem Briefwechsel und zu Auseinandersetzungen mit kirchlichen Institutionen und dem Papst in Rom.

Schliesslich wird Luther nach Worms eingeladen, um seine Thesen zu widerrufen, wobei ihm freies Geleit hin und zurück zugesichert wurde. Er spürte, dass viele mit seinen Ansichten sympathisierten, aber es lag ihm fern, eine Teilung der römischen Kirche in die Wege zu leiten.

Am 17. April tritt er erstmals vor Kaiser und Würdenträger, aber er bittet um einen Tag Bedenkzeit, um sich auf die Vorwürfe vorzubereiten.

Und so tritt der Wittenberger Augustinermönch am 18. April 1521 (*) auf dem Reichstag zu Worms vor den Kaiser Karl V., den Kurfürsten und den Vertretern des Heiligen Römischen Reiches deutscher Nation hin

Was durch ein römisches Urteil entschieden sei, lässtder Kaiser durch seinen Sprecher - den Leiter des kirchlichen Gerichtshofs in Trier - verlauten, das sei weder zu hinterfragen noch zu diskutieren.

Noch einmal die klare Frage an Luther, ob er widerrufen wolle.

Seine Antwort:
„Wenn ich nicht durch das Zeugnis der Schrift oder vernünftige Gründe widerlegt werde - denn dem Papst oder den Konzilien allein vermag ich nicht zu glauben, da feststeht, das sie häufig geirrt und sich selbst widersprochen haben, so bin ich durch die von mir angeführten Schriftworte überwunden, und mein Gewissen ist durch Gottes Worte gefangen. Und deshalb kann und will ich nichts widerrufen, weil es unsicher ist und die Seligkeit bedroht, gegen das Gewissen zu handeln. Gott helfe mir. Amen."
Die legendäre Schlussformel: „Hier stehe ich, ich kann nicht anders" ist historisch nicht einwandfrei belegt.
Luther weigert sich somit zu widerrufen.
Der Kaiser ist darüber empört und verhängt am 8.Mai 5021 über Luther die Reichsacht und erklärt ihn für vogelfrei. Das gilt allerdings nicht für Sachsen, das von Luthers Gönner Kurfürst Friedrich der Weise regiert wird.
Dieser lässt auf dem Rückweg Luthers durch eine fingierte Entführung Luther auf die Wartburg entführen, wo er nun als Junker Jörg residiert.
Eine für uns Deutsche ungemein wichtige „Verbannung", denn Luther übersetzt in den zehn Monaten seines Aufenthaltes das Neue Testament aus dem griechischen Urtext zum ersten Mal in eine gemeinsame deutsche Sprache.
Zu Hilfe kamen ihm dabei ein griechischer Urtext von Erasmus von Rotterdam, die lateinische Vulgata und eine zweite lateinische Übersetzung von Erasmus.
Es ging Luther darum, allen Menschen, die des Lesens mächtig waren,

* (Interessant ist, dass ich ausgerechnet am 18. April 2021 fünfhundert Jahre nach diesem Ereignis an diesen Zeilen arbeite).

den Zugang zur Heiligen Schrift zu ermöglichen.

„Den Leuten aufs Maul schauen," so schrieb er, sie sollten sich nicht mit der lateinischen Sprache herumplagen, sondern in einfachen Worten verstehen, was Christus uns sagen will.

Luther auf dem Reichstag zu Worms

Eine große Erfindung kommt der Verbreitung von Luthers Schriften sehr entgegen. Das ist die sich schnell verbreitende Buchdruck-Kunst dank der Ideen von Johannes Gutenberg,

Und nun sehen wir eine kuriose Folge des Aufbegehrens gegen Strenge und Althergebrachtes.

Im Zisterzienserkloster Nimbschen bei Grimma gelangen Luthers Schriften in die Hände von einigen Nonnen. Zwölf adlige Nonnen sind des Klosterlebens überdrüssig und lassen sich auf trickreiche Art und Weise eines frühen Morgens aus dem Kloster herausschmuggeln. Für die betroffenen Eltern ist das natürlich eine Blamage – es gilt daher möglichst schnell einen Ehemann für die Fahnenflüchtigen zu finden oder sie sonst wo unter zu bringen.

Eine von ihnen kommt beim berühmten Maler Lucas Cranach unter: Katharina von Bora. Sie erweist sich als wertvolle und tüchtige Hilfe. Hier wird sie vom bis dato ledigen Professor der Theologie entdeckt und zum Altar geführt.

Die restliche Lebenszeit von Martin Luther ist mehr für geschichtsbewuste Leser interessant und hat nicht mehr den wichtigen Bezug zum Thema Aufbegehren.

Giordano Bruno
1548 – 1600

Giordano Bruno ist eine der interessantesten Persönlichkeiten seiner Zeit.

Im Jahr 1565 tritt er in den Orden der Dominikaner ein. Sehr bald zeigt sich sein aufsässiges Wesen. Er geriet in Konflikt mit der Ordensleitung, weil er sich der Marienverehrung widersetzte und sämtliche Heiligenbilder aus seiner Klosterzelle entfernte. Jedoch die Klosterleitung sah ihm das noch als jugendliche Verirrung nach. Im Jahr 1572 empfing er die Priesterweihe.

Seine Einstellung änderte sich jedoch nicht und ihm wurde sogar Ketzerei vorgeworfen. Er musste das Kloster verlassen, floh nach Rom und wollte sich dem Papst reuevoll zu Füssen werfen. Doch seine kirchlichen Missetaten holten ihn wieder ein. Es kam heraus, dass er bei seiner Flucht aus dem Kloster Schriften des Kirchenvaters Hieronymus in die Latrine geworfen hatte.

Er musste auch aus Rom fliehen und als konsequenten Schritt seiner Einstellung trat er aus dem Mönchsorden aus. Es begann eine ruhelose Wanderschaft durch Europa. Über Turin, Venedig und Padua floh er in die Schweiz und später nach Toulouse. In der Zwischenzeit befasste er sich mit der Philosophie von Aristoteles. Ein weiterer Impuls war die Bekanntschaft mit den Erkenntnissen von Nikolaus Kopernikus, der mit seinem heliozentrischen Weltbild die Sonne in den Mittelpunkt der Welt stellte und sich damit in den Gegensatz zur kirchlichen Lehre setzte, die noch immer am geozentrischen Weltbild fest hielt.

Lyon und Paris waren seine nächsten Stationen, bevor er nach London und Oxford ging. Hier veröffentlichte er Sensationelles: Die Sterne seien ebenso Sonnen wie die unsere und das Weltall sei unendlich. Überall existierten andere Welten, die mit intelligenten Leben bevölkert seien.

Er war ein wenig verträglicher Mensch. Durch gnadenlose Polemik und Spottlust schuf er sich viele Feinde. Es gelang ihm nie, einen Lehrstuhl zu erhalten. So reiste dieser mittelalterliche Unruhegeist von Paris, wohin er zurückkehrte, weiter über

Marburg und Wittenberg, später nach Prag. Ab Juli 1590 lebte er in

Frankfurt. Hier kam es zu Auseinandersetzungen mit dem Kustos und späteren Prior des Karmeliterklosters, aber auch mit den Stadtoberen aus dem Rat der Stadt. Er wollte zwar bleiben, aber die Oberen der Stadt lehnten seinen Wunsch ab.

Er hatte ein grosses Talent, sich Feinde zu schaffen, sowohl bei den philosphischen Gelehrten als auch in den kirchlichen Institutionen. Zum einen lehnte er die Lehren von Aristoteles ab und er zweifelte die Gottessohnschaft Christi an.

Man nimmt an, dass ihn nach den vielen Stationen in Europa doch so etwas wie Heimweh packte, obwohl es für ihn wegen der Macht der katholischen Kirche, die heftigst die Reformation bekämpfte, gefährlich werden könnte. Zudem stellte zu der Zeit die Inquisition eine grosse Gefahr für alle „Abweichler" dar.

Er lehrte zunächst in Padua, verlor diese Stelle jedoch an Galileo Gelilei.

Am 22. Mai 1592 wurde er durch Denunziation in Venedig von der Inquisition verhaftet.

Anfang 1593 brachte man ihn nach Rom und sperrte ihn in der Engelsburg ein. In dieser Zeit bereitete man den Prozess gegen ihn vor. Vergeblich versuchte er bei Papst Clemens VIII eine Audienz zu erhalten, ja, er war sogar bereit, teilweise zu widerrufen. Die Inquisition wollte jedoch ein umfangreiches und vollständiges Widerrufen aller seiner Aussagen und Thesen.

Giordano Bruno blieb sich treu, zögerte zuerst und lehnte dann ab.

Er blieb bei der Behauptung, Jesus sei nicht Gottes Sohn, er gäbe kein Jüngstes Gericht und draussen am Himmel existierten viele Welten.

Am 8. Februar 1600 wurde das Urteil verlesen. Er wurde wegen Ketzerei und Magie aus dem Orden der Dominikaner und aus der Kirche ausgestossen und der weltlichen Jurisprudenz überstellt. Seine Schriften wurden verboten und wo sie vorhanden waren, wurden sie verbrannt.

Bruno reagierte auf das Urteil mit seinem berühmt gewordenen Satz: „Mit grösserer Furcht verkündet ihr vielleicht ein Urteil gegen mich, als ich es entgegen nehme!"

Das weltliche Gericht reagierte noch härter als das kirchliche. Er wurde zum Tod auf dem Scheiterhaufen verurteilt.

Nach acht Jahren Kerkerhaft war Giordano Bruno ein gebrochener

Mann. Am 17. Februar 1600 wurde er auf dem Campo de' Fiori auf dem Scheiterhaufen hingerichtet. Die Kirche konnte ganz schön grausam sein, wenn sie sich in die Enge gedrängt fühlte: So wurde Giordano Bruno vor seiner Hinrichtung die Zunge festgebunden, damit er seine Thesen nicht an die Zuschauer verkünden konnte.

Es war das Ende eines Mannes, der so früh schon wissenschaftliche Kenntnisse allein durch Denken vorwegnahm und sich damit gegen die Meinung der Kirche auflehnte.

Erstaunlich ist nur, dass Nikolaus Kopernikus, der ja als erster die Erkenntnis vom heliozentrischen Weltbild gewann, die kirchliche geozentrische Vorstellung negierte und diese von ihm verfasste Schrift sogar dem Papst dedizierte, von der Kirche weitgehend ungeschoren blieb.

Auch Kepler, der diese Vorstellung noch verfeinerte, als er die gedachten Kreisbahnen der Planeten als Ellipsen berechnete, in deren einem Berennpunkt die Sonne stand..

Es hat über 300 Jahre gedauert, bis man Brunos Visionen akzeptierte und sich auf die Suche nach anderen Welten mit fremden Lebewesen machte.

Statue von Giordano Bruno in Rom

Johann Wolfgang von Goethe
1749 – 1832

Aus dem intensiven und umfangreichen Leben von Goethe sind im Grunde für dieses Buch und dieses Thema nur einige Werke von Belang. Sie entstammen der literarischen Strömung des Sturm und Drang.

Das erste Drama von Goethe entstand im Jahr 1773: Der „Götz von Berlichingen" – das Aufbegehren eines tapferen Ritters gegen die herrschenden Strukturen.

Dieses Werk machte den jungen Goethe in ganz Deutschland berühmt.

Die Erstausgabe des nächsten Werkes erschien 1774 auf der Leipziger Buchmesse und wurde nicht nur ein deutscher, sondern ein europäischer Erfolg: „Die Leiden des jungen Werther". Heute würde man anglifiziert von einem „Bestseller" sprechen.

In Form eines Briefromans schilderte Goethe die unerfüllte Liebe des Rechtspraktikanten Werther zu Lotte in Wetzlar, die bereits mit einem anderen Mann verlobt war. Aus Verzweiflung über die Unerreichbarkeit der umschwärmten Frau nimmt sich Werther das Leben.

Dieser Roman passte durchaus in die Sturm und Drangzeit, da Goethe ein völlig neues Thema in die Literatur einbringt. Ein Novum, dass sich ein Mann wegen einer unglücklichen Liebe selbst tötet. Das war eine Abkehr von überkommenen Motiven, in der sich höchstens die Frauen umbringen oder umgebracht werden.

In diesem Zusammenhang lohnt es sich einmal das Buch von Thomas Mann „Lotte in Weimar" zu lesen. Sehr eindrucksvoll, wie die älter gewordene Lotte in Weimar eintrifft, von den Menschen dort neugierig begafft wird und wie sie im berühmten Hotel „Elephant" absteigt.

Ein kurzes Dramenfragment über Prometheus ist weniger erwähnenswert, dafür umso mehr das Gedicht „Prometheus", geschrieben in den Jahren 1772- 1774, das dramatisch-emotional-unnachahmlich des Aufbegehren des Prometheus gegen den Göttervater Zeus beschreibt.

Prometheus

Bedecke deinen Himmel, Zeus,
Mit Wolkendunst!
Und übe, Knaben gleich,
Der Disteln köpft,
An Eichen dich und Bergeshöhn!
Musst mir meine Erde
Doch lassen stehn,
Und meine Hütte,
Die du nicht gebaut,
Und meinen Herd,
Um dessen GlutDu mich beneidest.

Ich kenne nichts Ärmeres
Unter der Sonn als euch Götter.
Ihr nähret kümmerlich
Von Opfersteuern
Und Gebetshauch
Eure Majestät
Und darbtet, wären
Nicht Kinder und Bettler
Hoffnungsvolle Toren.

Da ich ein Kind war,
Nicht wusste, wo aus, wo ein,
Kehrte mein verirrtes Aug
Zur Sonne, als wenn drüber wär
Ein Ohr zu hören meine Klage,
Ein Herz wie meins,
Sich des Bedrängten zu erbarmen.

Wer half mir wider
Der Titanen Übermut?
Wer rettete vom Tode mich,

Von Sklaverei?
Hast du's nicht alles selbst vollendet,
Heilig glühend Herz?
Und glühtest, jung und gut,
Betrogen, Rettungsdank
Dem Schlafenden dadroben?

Ich dich ehren? Wofür?
Hast du die Schmerzen gelindert
Je des Beladenen?
Hast du die Tränen gestillet
Je des Geängsteten?

Hat nicht mich zum Manne geschmiedet
Die allmächtige Zeit
Und das ewige Schicksal,
Meine Herren und deine?

Wähntest du etwa,
Ich sollte das Leben hassen,
In Wüsten fliehn,
Weil nicht alle Knabenmorgen-
Blütenträume reiften?
Hier sitz ich, forme Menschen
Nach meinem Bilde,
Ein Geschlecht, das mir gleich sei,
Zu leiden, weinen,
Geniessen und zu freuen sich,
Und dein nicht zu achten,
Wie ich.

Ein weiteres Gedicht entstand zur gleichen Zeit, hat aber einen völlig anderen Charakter: „Ganymed".

Es handelt vom Göttervater Zeus, der von dem schönen Jüngling so angetan ist, dass er sich in einen Adler verwandelt und den Jungen auf den Olymp entführt.

Hier dient er nunmehr den Himmlischen als Mundschenk.

Ihm zum Andenken hat man einen der vier grossen Monde des Jupiters (römisch für Zeus), die man als erste Monde neben unserem irdischen Mond gesichtet hatte, nach ihm benannt.

Im Grunde war die poetische Sturm-und-Drang-Zeit eine Art Auflehnen gegen die veraltete Tradition der Literatur und gegen die Bestimmung durch feste poetische Regeln.

Friedrich von Schiller
1759 – 1805

Neben Goethe ist er einer der großen Geistesheroen der Weimarer Klassik.

Sein Theaterdebüt erfolgte im Jahr 1782 mit der Uraufführung des Dramas „Die Räuber" – ein wesentlicher Beitrag des noch mehr jugendlichen Dichters zu der Sturm und Drang Epoche.

1792 wurde ihm sogar die französische Ehrenbürgerschaft verliehen in Würdigung des in Paris aufgeführten Dramas „Die Räuber", das als Symbol des Freiheitskampfes gegen die Tyrannei verstanden wurde.

Ein erwähnenswerte Episode aus dem Leben Schillers ist seine Begegnung mit Friedrich Hölderlin. Dieser kam voller Begeisterung, voller poetischer Träume und Aufbruchsstimmung nach Weimar, um seinem grossen Vorbild Schiller nahe zu sein, wie so viele andere „angelockt" durch die Weimarer Geistesgrößen Goethe und Schiller.

Hölderlin wähnte Schiller noch immer in der Sturm und Drang-Phase.und war enttäuscht, dass dieser nicht so auf diesen jungen Poesie-Heisssporn einging.

Doch Schiller war in inzwischen Hofrat geworden und Goethe war Geheimrat. Beide hatten die Pflaumfedern des jugendlichen Sturm und Drangs längst abgeworfen und zeigten kein allzu grosses Interesse an Hölderlin, obwohl Schiller einiges tat, um ihm zu helfen. Hölderlin fühlte sich aber besonders von Schiller nicht verstanden und verliess Weimar.

Ein kleines Missgeschick ist ihm leider noch passiert. Er war einmal bei Schiller eingeladen und zugleich war noch ein älterer Herr anwesend, den Hölderlin nicht erkannte

Es war Goethe!

.

Etwas Persönliches

Zum Schluss noch in aller Bescheidenheit ein eigenes Erlebnis oder besser eine eigene Erfahrung, die zu diesem Thema passt. Natürlich hat es bei weitem nicht die Farbigkeit und Bedeutung wie die der geschilderten Persönlichkeiten der Weltgeschichte.

Falls Ihnen, verehrte Leser, persönliche Einlagen in diesem Buch nicht so genehm sind, so blättern sie einfach weiter und ersparen sich dieses letzte Kapitel.

Es hat daher einige Zeit gedauert, um zu überlegen, ob ich dieses Erlebnis in dieses Buch einbinde.

Aber es hat so etwas mit Aufsässigkeit und Andersdenken zu tun, mit dem Wechsel eingefahrener Gleise, mit Mut zur Offenheit, dass ich glaube, es hat hier in diesem Buch als eigene Erfahrung durchaus seinen, um es noch einmal zu wiederholen, sehr bescheidenen Platz.

Dazu muss ich ein wenig ausholen und Sie, verehrter Leser, mit Dingen konfrontieren, die Ihnen, falls Sie nicht schon einmal damit Erfahrung gehabt haben, vorerst fremdartig vorkommen mögen.

Es geht um das Thema Elektroakupunktur.

Einem Arzt in der Nähe von Stuttgart, Dr, Voll, gebührt das Verdienst, die Dinge ins Rollen gebracht zu haben.

Basierend auf der chinesischen Akupunktur-Lehre versuchte er Widerstände zumessen, indem er dem Patienten eine Elektrode in die eine Hand legte und um mit einem sogenannten Messgriffel den Widerstand an Akupunktur-Punkten zu messen, den eine definierte Spannung / Stromstärke an einem dafür konzipierten Messgerät anzeigte.

Es gelang ihm, bestimmte Akupunktur-Punkte mit korrelierenden Organen etc in Verbindung zu bringen und an Hand der Messwerte konnte er bestimmte diagnostische Rückschlüsse ziehen.

Das war im Grunde die Geburtstunde der Elektroakupunktur.

Auf der Suche nach neuen Erkenntnissen oder auch neuen Diagnose-Formen habe ich einige Kurse besucht, auch bei Dr. Voll, und mir auch so ein dazu gehöriges Gerät gekauft.

Doch die Methode erschien mir zu unübersichtlich und umständlich. Manche Verfahren sind oft nur auf den zugeschnitten, der sie gefunden oder entwickelt hat.

Dann lernte ich Dr. Pflaum aus Schweinfurt kennen, der diese Methode mit einem anderen Gerät weiter entwickelt und verfeinert hatte. Man konnte jetzt die einzelnen Werte der Akupunktur-Punkte von Händen und Füßen mit einem Schrittschreiber aufzeichnen. Wozu hat man denn die Elektronik!

Der letzte Anstoss kam von Dr. Dr. Schimmel, der die geniale Idee hatte, bestimmte sogenannte.Organpräparate (*) als Diagnose-Ampullen an den Akupunktur-Punkten vorbeizuführen und auf dem Vegatest den Zeigerausschlag als Hinweis-Diagnose abzulesen.

Keine leicht zu lernende Diagnose-Form, aber ich war von dem Vegatest-Verfahren überzeugt und begeistert. Es erschien mir nicht ganz so ermüdend wie die anderen Verfahren.

Nun wurde ich auf einem großen Kongress eingeladen, über dieses Verfahren zu referieren.

Der Zufall wollte es dass Dr. Voll, der alte erfahrene Therapeut, vor mir redete und nach ihm kam ich, der junge Elektroakupunktur-Novize, mit meinem Referat.

Dr. Voll war alles andere als ein introvertierte Typ, so möchte ich ihn einmal vorsichtig einstufen.

Dann fasste ich in meinem Vortrag all meinen Mut zusammen und sprach zu Dr. Voll, indem ich mich vor ihm leicht verbeugte:

„Lieber Herr Dr. Voll, wir alle, die wir Elektroakupunktur betreiben, sind alles ihre Kinder, aber Kinder müssen anders sein als ihre Eltern! Sonst bleibt die Welt stehen!"

Im Saal wurde es ganz still. Alle dachten, wie wird Dr. Voll jetzt reagieren? Auch ich! Würde jetzt der Senior der Elektroakupunktur aufstehen und mich vor der gesamten Zuhörerschaft in die Schranken weisen?

Aber er blieb ruhig sitzen und hat sich zum Schluss der Tagung sogar noch von mir mit Handschlag verabschiedet.

---

*Organpräparate sind aus den Organen für diese Zwecke biologisch aufgezogener Tiere (Lämmer, Kälber) hergestellte, danach sterilisierte und homöopathisch aufbereitete Mittel.

Schlussgedanken

Es sind nur einige wenige Persönlichkeiten oder Gestalten, die ich zum Thema des Aufbegehrens angeführt habe.

Mit Sicherheit hat die Geschichte noch weitaus mehrere oder viele Persönlichkeiten in ihrem Fundus oder in ihrem Köcher.

Leider sind so manche mit ihrem Aufbegehren nicht an die Öffentlichkeit getreten oder wurden von mir nicht gefunden.

Eine gewisse Affinität muss als Autor eines Buches schon, wenn es um Personen geht, vorhanden sein.

Nicht immer muss es in einem Buch von betreffenden Gestalten wimmeln, daher habe ich mich bescheiden für diese Persönlichkeiten entschieden, die Ihnen, verehrte Leser, in diesem Buch begegnet oder entgegen getreten sind.

Literatur

Feldmann, Chr.; Martin Luther, rororo Monografien, 2009

Hesiod,; Sämtliche Gedichte; Artemis Verlag, 2.Aufl., 1964

Lemperle, G.; Egoisten und Altruisten, Eine Gegenüberstellung, Engelsdorfer Verlag, 2021

Reihe Reclam; Griechische Götter- und Heldensagen, Philipp Reclam, 2003

Sammlung Dieterich; Die Griechische Sagenwelt, 1988

Volkmer, D.; Der Erste Messias? – Bildnis eines zu früh Geborenen, Books on Demand, Neuauflage, 2015

Volkmer, D.; Sappho – Ihre Heimat, ihr Leben, ihre Gedichte, Books on Demand, 2021

Volkmer, D.; Alexander und Aristoteles; Eine späte (fiktive) Begegnung, Books on Demand, 2017

Volkmer, D., Tagebücher vom Nil. Echnaton, Nofretete, Teje; Books on Demand, 2010

Weitere Bücher des Autors

Die Odyssee
Eine psychologische Reise nach Ithaka

Erschienen bei Books on Demand

Näheres unter

www.literatur.drvolkmer.de

Der Mensch allein im Universum?
Reflexionen eines Erden-Bewohners

Erschienen bei Books on Demand

Näheres unter

www.literatur.drvolkmer.de

Die Schöpfung
Mythen und Erzählungen

Erschienen bei Books on Demand

Näheres unter

www.literatur.drvolkmer.de

Weitere Bücher des Autors

Viertausend Kilometer Einsamkeit
Rapa Nui Osterinsel

Erschienen bei Books on Demand

Näheres unter

www.literatur.drvolkmer.de

Athos
Unterwegs im Garten der Gottesmutter

Erschienen bei Books on Demand

Näheres unter

www.literatur.drvolkmer.de

Helena und Paris
Eine dramatische Liebesgeschichte

Erschienen bei Books on Demand

Näheres unter

www.literatur.drvolkmer.de

Etosha und Caprivi
Eine Reise in den Norden Namibias

Erschienen bei Books on Demand

Näheres unter

www.literatur.drvolkmer.de

Der Erste Messias?
Bildnis eines zu früh Geborenen

Erschienen bei Books on Demand

Näheres unter

www.literatur.drvolkmer.de

Die Dichterin Sappho
Ihre Heimat, ihr Leben, ihre Gedichte

Erschienen bei Books on Demand

Näheres unter

www.literatur.drvolkmer.de

Weitere Literatur finden Sie auf den Seiten

www.literatur.drvolkmer.de